껍데기 2

껍데기 2

초판 1쇄 발행 2023년 10월 23일

지은이 강희수
펴낸이 장길수
펴낸곳 지식과감성#
출판등록 제2012-000081호

교정 주경민
디자인 정윤솔
편집 정윤솔
검수 이주연, 이현
마케팅 김윤길

주소 서울시 금천구 벚꽃로298 대륭포스트타워6차 1212호
전화 070-4651-3730~4
팩스 070-4325-7006
이메일 ksbookup@naver.com
홈페이지 www.knsbookup.com

ISBN 979-11-392-1386-7(03810)
값 12,000원

- 이 책의 판권은 지은이에게 있습니다.
- 이 책 내용의 전부 또는 일부를 재사용하려면 반드시 지은이의 서면 동의를 받아야 합니다.
- 잘못된 책은 구입하신 곳에서 바꾸어 드립니다.

지식과감성#
홈페이지 바로가기

껍데기 2

강희수 시집

아픔이 성숙함 만큼
익어 가는 삶이

시인의 말

난 정상을 향해 뛰고 또 걸었다.
모두들 그렇듯이 숨 가쁜 삶에 허덕이며 위만 보고 살았다.
치열한 경쟁, 그것이 옳다고 믿었다.

하지만 살아 보니 정상은 맨 위의 산꼭대기가 아니라 이곳 평지의 삶이었다는 것을 늦게나마 알게 되었다.

친구들과 함께 울고 웃으며 부대끼는 일터가 나에겐 정상의 삶이고, 늦은 저녁 소파에 앉아 차를 마시고 드라마에 심취하는 삶이 가장 행복한 삶이 아닌가 생각한다.

오늘 저녁 재미있는 드라마를 보든 한 권의 책을 읽든 남이 누리지 못할 나만의 정상에서의 하루를 누리시기를, 모든 분들을 위해 기도한다.

강희수 보냄

목차

1부

행복	12	고향	27
일상	13	가을에	28
인생이	14	시대	30
어머니	15	우리는 지워 가는 삶을 산다	31
달맞이	16	나는 유령인가	32
우체통	17	기억 속에 떨구는 이별	33
겨울 달이 고독일 줄이야	18	먼발치	34
잊어야 한다는 것이	19	그럴 때마다	35
파주(把住)	20	잠	36
발자취	21	그녀를 향한 그리움	37
머물다	22	인기척	39
그리움	23		
기다림	24		
그리운 사랑	25		
연필	26		

2부

여백	44	비요일	59
걷는 길 무게만큼 무거운 세월	45	하루하루	60
쉼	46	그랬으면	61
몽돌	47	익어 가는 삶	62
다행이다	48	돌	63
하루	49	갈망	64
잃어버린 추억을 찾다	50	희망	65
검은 꽃	51	굴레	66
오늘	52	고통	67
보름달	53	희망2	69
단풍	54	아내	70
시를 쓰다	55	장모님과 씨암탉	71
8월의 끄트머리	56	기억	73
늦가을	57		
밤별	58		

3부

겨울 이야기	78	허로(虛老)	94
독백	79	사월	96
자유로움	80	끈	97
하늘	81	흔적	98
세월	82	심경	99
마음	83	기억 속에	100
묵언	84	새장에 갇혀	101
회한	85	당부	103
틈	86	이름 없는 삶	104
안경	87	눈이 오는 날	106
동전	88	눈	109
비움	89		
인생	90		
소망	91		
고독	92		

잊어야
한다는 것이
더욱, 그리움에
목마르게 한다

1부

행복 / 일상 / 인생이 / 어머니 / 달맞이 / 우체통 / 겨울 달이 고독일 줄이 야 / 잊어야 한다는 것이 / 파주(把住) / 발자취 / 머물다 / 그리움 / 기다 림 / 그리운 사랑 / 연필 / 고향 / 가을에 / 시대 / 우리는 지워 가는 삶을 산다 / 나는 유령인가 / 기억 속에 떨구는 이별 / 먼발치 / 그럴 때마다 / 잠 / 그녀를 향한 그리움 / 인기척

행복

당신의 눈물만큼만
아픔이 끝나길 빕니다
더도 말고 손수건 한 장만큼

당신의 고통이 하루가
지나기 전에 끝나길 빕니다
해가 뜨고 지기 전에

석양에 긴 그림자만큼
행복이 길었으면 합니다
붉은 노을처럼 따스하게

일상

혼돈과 상념 속에
하루라는 열매가 열린다

생각도 고민도 없이
물길처럼 흐르는 일상이

꿈틀대는 미꾸라지처럼
서로 엉켜 부대끼고 갈등한다

싸우지 않으면 살 수 없는
고뇌에 찬 삶의 현장이

고독이라는 숙연함으로
일상이 저물어 간다

인생이

담벼락에 그려진
짙은 그림자는
세월의 흔적

담쟁이넝쿨 익어 가는
붉은 맘은 늙어 감의 상실
초연한 하늘 아래 소나무
세월을 읽어 가는 무상함

하루를 천 년같이 사는
하루살이의 처절함은
오늘이라는 말 이외에는
아무 의미 없는 꿈

나도 내일을 기약할 수 없는
하루살이와 다를 게 무언가
내일의 꿈은 있으나
허망한 바람 같은 것을
그저 오늘을 지키는 것뿐

어머니

오래 지나 기억에
금이 가고 생각이
멈추고 있다 해도
잊고 싶지 않습니다

그리움이라는
단어 그 말만은
잊고 싶지 않습니다

당신이라는
따스한 미소도
가슴속에서
밀어내지 않고
간직하겠습니다

당신은 나의
전부이니까요

달맞이

달빛 한 스푼 호수 위에 띄우고
몽글몽글 피어나는
안개 속에 감추었다가

그대 오시는 날 살포시
한 발짝 꽃향기 뿌려
달콤함이 풍기게
손부채 꺼내 들고

나그네처럼 다가오는
봄날처럼 맞이하리
어깨 너머 띄운
한 스푼 달빛을

우체통

당신을 향한 내 마음
세월 지나도록
보내지 못한 애심

오늘이 가기 전
이 마음 전하지 못한 게
강산이 몇 번을 넘어서고

이젠 빨간 우체통에
눈길만 보내고 있습니다

부치지 못한 세월의 주름이
한 칸씩 늘어날 때마다
눈가에 이슬만 늘어 갑니다

더 늦기 전에
빠알간 단풍잎 한편에 넣고
긴 편지 보내렵니다
기억이 지워지기 전에

겨울 달이 고독일 줄이야

사무치도록 차갑게
바람이 머문다

늦도록 젖어 있는 밤
달빛마저 식었다

이슬도 낮게 드리우고
처량하게 저 멀리 뜬
고독의 달

하염없이 흐르는 차창 너머
빗물이 내 맘을 아는지
가슴 서글프다

아
겨울밤의 고독이여
늦게라도 가슴 열어
따스한 엄마 품이 되길 빈다

잊어야 한다는 것이

보내야 하는 이별이
무겁습니다
켜켜이 쌓여 있는
정이라는 짐을
짊어지고 있는 것이

돌아서야 한다는 마음이
무겁습니다
이미 와 버린 길이 너무나
멀고 소중했으니까요

손을 놓아야 한다는 마음이
무겁습니다
당신의 따스한 온기가
아직 남아 있기 때문이니까요

잊어야 한다는 마음이
무겁습니다
이미 가슴 깊이 새겨진
사랑이라는 두 글자를
잊을 수 없으니까요

파주(把住)*

그리움은 눈물로 지워
소리 없이 바람에 떠나고
내 임은 나비 등에 타
서산 너머로 간다

보고 싶은 마음은 구름처럼
나타났다 사라지고
보듬을 수 없이 그냥
보내기를 수없이

소나기라도 내리는 날
남아 있는 임의 소리를 잊을까
귀를 막고 눈을 감는다

기억 속에 젖어 있는
눈물의 손수건
꺼내 들고 흔들어 본다

그리움이 나의 손짓에
돌아오라고

---

* 파주(把住): 마음속에 잘 간직함

발자취

투박한 질그릇 속에 겉절이
손으로 쭉쭉 찢어 밥에 올려 주고
눈으로 함께 먹던 밥

정이 뚝뚝 묻어나고
맛깔나게 뚝딱 차려 주신
당신의 사랑이

서늘한 날이 되면 어김없이
생각나는 그녀의 질그릇 사랑이
먼 하늘을 보게 한다

깊고 푸르른 날 보겠다는
그 약속 가슴 깊숙이 묻어 놓고
손때 묻은 안방의 문고리가
녹슬어 버린 추억이 되어

노송의 나이테만큼
살아온 주름에
내가 그녀의 모습이 되어 간다

머물다

단풍이 지기 전 머무는 시간
소록소록 쌓여만 가는 삶이
조금만 더 머물 수만 있다면

떨어지는 낙엽에
눈물짓지 않으리
그날까지만 머물러 주십시오
사무치는 가슴이
사그라질 때까지

그리움

석양이 깊어질수록
가슴 시림은 무엇일까
더
기다릴 것도 없는데
놓아 버린 지가 수없이
수 없는 억겁을 보냈는데

그럴수록 애증은 깊어만 가고
가 버린 곳은 알지만
찾아갈 수 없는 텅 빈 마음은

그리움이라는 말로
덮어 쓴다

기다림

기다립니다
별빛 쏟아지는 날
가로등 밑에서

하얀 눈이 소복이 내리는 날
벤치에 발자국 그림을 그리며
기다립니다

그 누가 불러 줄 것만 같은 날
외투도 걸치지 않은 채
급히 나가 기다립니다

오늘처럼 꽉 찬 보름달이
더욱더 가슴 설렘으로
내 그림자와 기다립니다

그리운 사랑

손에 닿을 듯 그리운 사랑은
지척에 있는데
초승달만큼 싸늘하다

건들면 부서질 것 같은
모래성 같은 사랑은
안타까운 눈으로만 만진다

그대가 미소인 것을
그대가 별빛인 것을
그대가 그대인 것을

오늘도 별빛 같은
그리움을 적어 본다
갈잎에 흔들리는 바람으로

연필

당신의 마음을 씁니다
사랑만큼 꾹꾹
오랫동안 볼 수 있게
침을 발라 눌러 씁니다

지울 수 없을 만큼
가슴 아픈 사연은
살포시 적으세요
지우개로 지울 수 있게

고향

대숲 사이 초승달
달빛마저 애처롭다
그리운 고향 하늘
인적은 간데없고
풍파 견디며 살아온
대숲만 나를 반긴다

먼 길 돌아 타향살이
지친 삶 쉬고파
그리운 임 찾아온 길
메마른 풀꽃처럼
말라 버린 가슴
처마 밑 흑백 사진만
그날의 온기를 더듬는다

가을에

가을이 짙어 가면
홍시가 생각난다

붉게 타오르듯 빠알간
동심의 결실

조건 없이 내어주는
자연의 섭리가

가을날 마음을 설렘으로
들녘을 바라보게 한다

가을이 저물어 가면
옷깃을 여민다

다시없을 것 같은 날
오늘 마중을 한다

보이는 것만 사실이 아닌
그 내면의 사실을 보고자

늦은 가을 한 살 더 먹은
나이테에 고스란히 새긴다

시대

오늘도 손가락 끝으로
세상을 본다

두 눈을 감지 않고서는
바라볼 수 없는 세상

짙게 어두워진 안갯속에
시대를 살아간다

맹인이 행복할 것 같은 세상
나도 편승하고 싶다

우리는 지워 가는 삶을 산다

하루의 흔적만큼
어제의 기억을 지워 간다
향긋 달콤한 기억도
쓸쓸한 기억도
잊고 싶은 생각도
하루를 사는 만큼
한 뼘의 기억을 지워 간다

되돌릴 수 없는 시간만큼
쌉싸름한 더덕 향기만큼
좀 더 붙잡고 싶어도
지워 갈 수밖에 없는
삶의 현실이 어제를 지워 간다

다 지워도 고독만은
다 지워도 낭만만은
다 지워도 지난 추억만은
다 지워도 붙잡았던 사랑만은
그냥 두고 싶다
기억이 지워지는 오늘일지라도

나는 유령인가

별빛마저 눈 감은 검은 밤
수많은 그늘을 걷어 내고
자그마한 등불 하나 켠다
외길 인생처럼 외로운 싸움

졸음도 건너뛰고
남의 시선도 건너뛰고
덜컹거리는 인생의
도로를 달린다

두 눈 부릅뜨고
유령 아닌 유령인 듯
보이지 않는 흔적을 남기며
이 밤거리를 활보한다

나는 삶의 희망을 전하는
화물차 운전기사이다

기억 속에 떨구는 이별

기억을 뒤로하고
오늘을 버림으로써
저녁을 맞이한다

바보같이 먼 산만
하염없이 바라보고
이슬 떨구는 못난 사람
버릴 수 없는 그 소중한

가락지 같은 언약이
끝내 도려낼 수 없는
상처로만 남고
오늘을 기억 속에 버린다

먼발치

더듬어 가는 삶
어느 누구도 가 보지 않은 길
먼발치에서 바라보는
늙은이의 미소에서
굴곡진 삶을 본다

손에 쥘수록 벗어나는
욕심이라는 그 욕망은
세월 지나서야 깨닫는
버릴 수 없는 고집이

늙어 갈수록 찾아가는
삶의 지혜가
먼발치에서 바라보는
늙어 버린 상념의 선물이다

그럴 때마다

낙엽이 지고 가을바람 서늘할 때
첫눈이 오고 손이 시릴 만큼 추운 날
겨울이 익어 가는 12월의 끝 날에
새봄이 오고 벚꽃 눈이 내리는 날
석양 노을 긴 그림자가 외로울 때

그럴 때마다
그대를 그리워하고
잊힌 사랑병을 앓는답니다
보고 싶습니다
나의 사랑하는 어머니

잠

밤마다 죽음을 본다
하루살이의 삶처럼
하루를 구걸하며 살고 죽는다

해가 지고 달이 뜨듯
꽃이 피고 꽃이 지듯
밤마다 갈망으로 태어난다

새날을 소망하고
기억을 지워 가며 꿈을 꾼다

하루를 살고 지고
고달픈 삶이지만
생명이 태어나듯

오늘도 지는 해를 바라보며
내일의 지혜와
새 삶을 기대한다

그녀를 향한 그리움

추적추적 비가 내리는 밤이면 문득 그리운 사람이 보고프다. 잊힐 만도 하지만 태에서부터 죽음까지 연민함의 애절함은 잊지 못할 사랑하는 사람이 그리움으로 가슴 저미며 파고든다. 흐드러지게 핀 진달래꽃. 수양버들 늘어진 봄날에 모시 한복에 하얀 고무신 꺾어 신고 나들이하는 그녀는 내 눈엔 천사였다.

자그마한 키에 당찬 발걸음이 내 가슴에 각인된 사랑은, 시절이 흘러 오랜 시간이 지나도 한 획도 변하지 않는 일편단심 사랑은 오늘도 기억을 더듬게 한다. 여름밤 평상에 누워 별 보며 도란도란 그녀의 시시콜콜한 이야기에 잠들었던 기억, 모닥불 연기에 눈 매울라 연신 부채질하시며 미소 짓는 행복의 날, 셀 수 없이 쏟아져 내릴 것 같은 눈물 같은 추억이 먼 산만 하염없이 보게 한다.

오늘 저녁은 한 달에 한 번 만나는 그녀의 계 모임에 내가 동행했다. 막둥이의 보디가드가 마냥 좋아서 웃어 주시던 그녀는 싫은 내색 없이 전에도 그랬듯이 나를 앞세웠다. 볼품없는 작은 꼬맹이지만 그래도 든든한 동행자가 있어서인지 나 또한 가슴 설레고 좋았다. 그녀의 모임에서 내가 설 곳은 없지만 그래도 그녀의 등 뒤에서 꾸벅꾸벅 졸거나 여자들 수다에 귀를 쫑긋 세우고 농담과 푸념을 아무런 생각 없이 들었다. 하루는 그녀가 나를 대중 앞에 세우고 노래를 시켰다. 난 주저 없이 그녀가 자주 불렀던 옛 노래, 이미자의 〈섬마을 선생님〉이라는 노래를 신명나게 불렀다. "해~당화 피고 지이는 섬~마~을에 철새 따라 가 버린 총각 선생님" 노래를 열심히 불렀다. 잘하진 못해도 앙코르가 쏟아졌고 기특하다고 용돈도 받았다. 기분 좋은 저녁 나들이가 한없이 좋았다.

　난 한 달에 한 번 특권을 누렸고 예쁜 그녀가 좋아 따라다녔다. 변해도 변하지 않는 세월의 그 기억은 오늘도 가슴 설레고 보고프다. 그녀의 따스한 미소와 막걸리 한 잔에 고뇌와 시름이 가시고 농담과 푸념이 힘든 세월을 꺾어 버렸다. 누구나 힘든 시절 힘들다 하지 않고 항상 견디고 밟고 올라서며 감당했던 그녀. 밝은 보름달을 보며 새벽마다 부뚜막 정화수 앞에서 기도하시던 그분의 의지와 사랑이 흘러 흘러 오래되고 식어 버린 부뚜막 소원이 끝내 이루어지지는 않았지만 시간 지나 소록소록 기억에 있는 건 난 아직도 그녀의 맑고 순수한 사랑을 기억함이다.

　세월은 생각을 떠올릴 수 없게 하는 지우개라고 하지만 모든 걸 지우며 살아간다 해도 오래된 기억 속 추억만은 버릴 수가 없다. 아름다운 동행 손잡고 거닐던 옛길 외로움에 눈물 흘릴 때 가슴으로 울지 말라 눈물 닦아 주던 사랑, 생선 가시 발라서 밥숟가락에 올려 주던 사랑, 누룽지 한 주걱 긁어 밥그릇에 올려 주며 많이 먹으라던 그 자그마한 사랑, 늦은 밤 길모퉁이에서 나를 맞아 주던 사랑, 추운 겨울 아랫목에 밥 한 그릇 묻어 놓고 이제나저제나 오길 기다리던 사랑, 내가 기억 못할 사랑까지 다 셀 수 있으려나. 이젠 보고 싶다고 사랑한다고 말해도 대답을 듣지 못할 사랑이 그립다.

인기척

문풍지 너머 비치는
꽉 찬 둥근달 사그라질 때
낙엽 떨어지는 쓸쓸함이

소식을 기다리는 사랑님께
살며시 토닥토닥 다독여 줄
인기척이 무척 그립습니다

이 밤 별이 쏟아 놓는
황홀한 그림들이
혼자 보기에 서럽습니다

오늘 밤이라도 툇마루에
신발 끄는 소리를
가슴 두근거림으로 기다립니다

당신의 인기척이 그립습니다
보고 싶어 눈물 속에 채우고
윗목에 밀어 놓은 사진을

보고 또 보고 만져 봅니다
애타게 갈망하며 오늘도
허망한 삶의 애증이 저물어 갑니다

오늘 밤 꿈속에서라도
사랑했던 그녀를 한번 안아 보고 싶습니다
죽도록 사랑했던 그녀를 말입니다

2022. 06. 24. 밤에

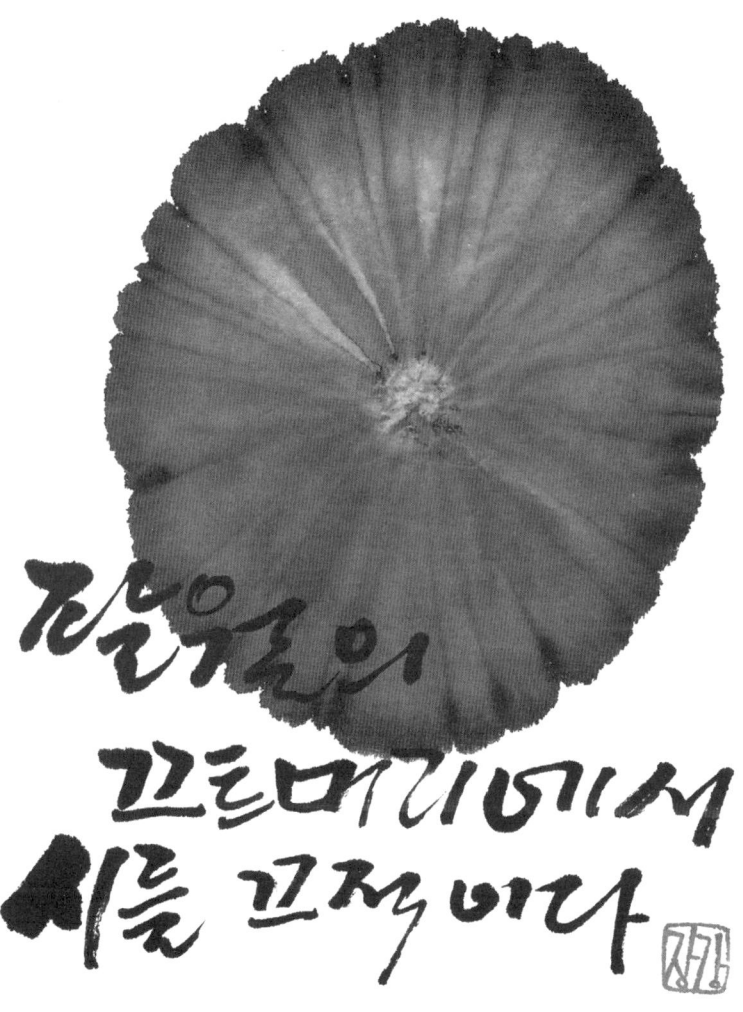

딸옆이
끄트머리에서
시들 끄적이다

2부

여백 / 걷는 길 무게만큼 무거운 세월 / 쉼 / 몽돌 / 다행이다 / 하루 / 잃어 버린 추억을 찾다 / 검은 꽃 / 오늘°/ 보름달 / 단풍 / 시를 쓰다 / 8월의 끄 트머리 / 늦가을 / 밤별 / 비요일 / 하루하루 / 그랬으면 / 익어 가는 삶 / 돌 / 갈망 / 희망 / 굴레 / 고통 / 희망2 / 아내 / 장모님과 씨암탉 / 기억

여백

하얀 종이 위에
써 내려가는 여백이
채워질 때

내 가슴은 텅 비어 간다
채울수록 비어 가는
그 무엇은

글이 아닌 소망일 게다
늘어나는 주름만큼
가슴이 비워진다

걷는 길 무게만큼 무거운 세월

꺾어진 세월
노송의 두텁게 일그러진
껍질처럼 늙어 가는 삶이
힘겹다

보란 듯이 살고파
모든 걸 버리고
상경한 삶이 고난과 역경에
두 무릎 꺾이고

슬펐던 기억만 뇌리를
두드리며 아픈 기억들만
더듬고 있다

인생은 행복보다는
아픔의 성숙함이
익어 가는 것을 알건만
똬리를 트는 성급한
기억들만 나를 무너지게 한다

쉼

말없이 보내 버린
쓸쓸함이란 세월을
놓아 버렸다

지독하게 달겨드는
불나방 같은 화려함이
나를 힘들게 한다

놓아 버리면 쉽다는 걸
수많은 시간을 보내고도
쉼을 스스로 깨닫지 못했다

몽돌

바람에
소리 내어 우는 몽돌
억겁의 날을 버리고
버둥대며 견뎌 온 날
오늘에서야 웃는다
뭍에서의 새날에

다행이다

다행이다
노을 지기 전
너의 미소를 보아

오늘이라는 달력이
넘겨지기 전
너를 볼 수 있어
참 다행이다

석양에 붉은 노을
깊어질 때까지
너와 함께해서
다행이다

하루

터벅터벅 걸어온 만큼
삐걱거리는 세상을
오늘 하루도 그렇게
써 버렸습니다

어둠이 짙게 내리는 날까지
아무런 의미 없이
오늘 하루도 의미 없이
탕진해 버렸습니다

잃어버린 추억을 찾다

손끝에 떠나간 시간
펜 끝에 쓰인 낙서들
잊고 지낸 추억이란다

갈잎에 흔들리는 세월
농익은 홍시처럼
늙어 버린 정열이

쓰다 만 일기처럼
맺지 못한 기나긴 이야기로
이만큼 와 버린 오늘

시골집 동무도
마을 어귀에 고목도
녹슨 철 대문이

잊고 지낸 추억을 끄집어낸다

검은 꽃

꽃이 핀다
검은 꽃들이 핀다
파아란 하늘이 녹고
어두운 꽃이 핀다

들에
새도 풀벌레도 숨었다
그리운
동무도 찾을 수가 없다

발밑에 차이는
검은 들풀들이
요동치며 울부짖는다
파아란 비늘을 벗어 버리고
가을이 죽어 간다

오늘

어제 가십니까
오늘 또
어제처럼 가십니까

돌아오는
어제 같은 오늘 마중하러
어제처럼 옵니다

반가운 오늘
까치 소식처럼
반갑게 맞이합니다
어제처럼 오늘을

보름달

저녁 하늘 높게
눈망울 가득 채운 달
무심하게도 가슴 시리게
차갑게 다가온다

대숲 사이로 비치는
낭만 같은 쓸쓸함은
십일월을 보내는 날
더욱더 애처롭다

풍요롭게만 다가왔던 보름달
세월만큼 무겁게
가슴에 와닿는다

단풍

아스라이 먼 날
기억조차 잊은 듯
흘러가 버린 세월을
꺾어 버리고

퍼런 멍울이 어느새
서리에 울긋불긋

붉게 물든 당신의 홍조가
늘그막 단풍이라는
듣기 좋은 말로 적어 봅니다

세월이 꺾인 만큼
당신의 미소가 더욱
영글어 가길 바랍니다

시를 쓰다

구름 한 점 이슬 한 방울
계곡물에 떨구고
마알간 먹물로 시를 쓴다

노오랗게 익어 가는 소리
갈잎 떨어지는 소리
햇빛 익어 가는 소리

서걱거리는 농부의 낫질
자연은 시를 뿌리고
나는 시를 거둔다

8월의 끄트머리

8월의 끝에 담아 갈 낭만을
다시 올 것 같지 않은 두려움에
일기장 한편에 담아 둔다

참기 힘든 8월의 고행이지만
주룩주룩 흐르는 땀에 찌든 얼굴에서
보약 같은 미소가
나의 어깨를 살며시 감싸 안음이다

누구나 감당해야 할 운명
우리의 부모 그 위에 부모도
땀의 값을 알기에 순응하며
우직한 황소처럼 나아갔다

우린 알 수 없지만 내일의 희망과
견디며 살아가는 끈기가
오늘이라는 8월을 넘어서고 있다

늦가을

힘겹게 붙어 있는 붉은 단풍
하루만 더 머물다 가십시오

그토록 갈망하던 당신의 열매가
내일 영글어 떨어질 때

그때 기쁘게 떠나십시오
당신을 닮은 붉은 홍시 말입니다

밤별

별이 익어 간다
은하수 너머 아득히
먼 곳에서부터
꿈을 꾸는 별들은

내 가슴에서
영혼이 머무는 곳까지
영롱한 사랑을 심어 놓는다

청춘이 무르익어
삶이 고단해도
지금도 그곳에 있는
나의 가슴별은
나를 갈망하고 그리워한다

밤별
저녁 늦도록 나와 함께한 삶이
오늘도 아스라이 녹는다

비요일

비를 흠뻑 맞고 처마 밑에 서 있다
그칠 줄 모르는 빗물
젖어 버린 마음
서둘러 갈 길 재촉하는 밤
무심하게 쏟아지는 하얀 눈물

얼마나 서러우면 이토록
소리 내어 우는가
내리거라 가슴속이 뻥 뚫리도록
하얀 눈물 마르도록 실컷

하루하루

기억을 먹고 사는 난
걸어온 발자국만큼
소록소록 지워 간다

하루를 연명하며 살고자
발버둥 치는 삶이
깊이 병든 자처럼 고되다

오늘을 두 손 꼭 잡고
걷는 그림자가
내 동무인 것처럼

하루하루 일상이
삶의 질병에서 벗어나고
그냥 웃고 사는 하루면 좋겠다

그랬으면

동백이 피고 지고
달이 뜨고 지고
자욱한 운무가 피고
새 바람이 일어
따스한 봄날 되었으면
그랬으면 좋겠다

겹겹의 옷을 벗고
움츠렸던 가슴을 펴고
종달새 높이 날고
올망졸망 노랑 병아리
따스한 봄날 되었으면
그랬으면 좋겠다

익어 가는 삶

농익은 홍시처럼
늘그막 여정이
보기 좋게 익어 가는
그런 삶이면 좋겠다

돌

억겁의 허물을 벗고
수많은 전설을 품고
지금도 견디며 사는 난
보잘것없는 작은 돌
남들은
수석이라고 한다네

갈망

꽃향기 지던 날 하얀 서리
눈꽃처럼 나리고
굽은 허리만큼 고단하게
힘겨운 한 해가 지나간다

빨갛게 익은 홍시처럼
가슴 달군 한 해의 시작
검푸른 파도에 이리저리 쓸려
이리도 힘겨운데

입가에 허연 안개처럼
지쳐 버린 오늘
조금 남아 있는 내일이
그래도 희망이길 바란다

희망

우리는 날마다
힘겨운 삶과
고통 속에서도
희망이라는
꿈을 먹고 산다

굴레

속절없이 가는 하루가
석양 노을 지도록
오늘이라는
굴레 속에 갇혔다

고통

차갑게 식어 버린
삶의 심장이
메마른 풀꽃처럼
세상을 바라본다

아름다운 세상이겠지만
모든 게 굴곡진 현실이
짙게 써 내려간 다홍 글씨처럼
붉게 눈가에 적신다

남의 아픔을 기뻐하고
고통을 희열로 감싸며
어둠을 사랑하고
깊은 한숨만 내 어깨를 다독인다

삶은 그런 것이 아닌데
아무도 모른 채 다가와
가슴 아프게 내 삶에
똬리를 틀었다

기억 속에 저물 때쯤
돌이키는 시간을 붙잡고
한 발짝씩 되돌아보자
더 깊은 수렁 속에 빠지지 않게

나 혼자의 삶이 아닌 것을
지금부터라도 알아 가자
함께 가는 길이 행복하고
더불어 가는 삶이
진정 행복이 아니겠는가

희망2

오늘 당신은 어떠하신가요
하늘 보며 한숨짓나요
아니면 땅을 보며 우시나요
기쁨의 미소로 걷나요

아니면 사실을 숨기며 괴로워
가슴속으로 눈물 삼키나요
하루의 그 삶이 이토록
처절하고 힘든 이 시간
오늘 당신은 어떠하신가요

하늘의 흐린 날 구름처럼
가슴 먹먹한 오늘 하루
숨 한 번 깊게 하늘 보며 날리세요
어둠은 가라 하고
그리고 웃어 보세요 배꼽 잡고

아내

환하게 웃는 모습
맑은 눈망울 속에
콩깍지가 꼈습니다

오랜 세월이 머물고
지나갔지만

지금도 처음같이
가슴 깊이 담겨 있는 것은
사랑 때문입니다

장모님과 씨암탉

　더운 날도 추운 날도 아닌 흐린 하늘이 비나 눈이 올 것 같은 주말이다. 모처럼의 가족 나들이가 누구네처럼 기쁘고 즐거운 날이 아니라서 조금 설렘이 적지만 그래도 가족 모두가 출동하여 어느 곳을 찾는다는 것이 그래도 다행이다. 장모님 댁을 향해 발걸음을 하는 오늘은 병이 깊어 더 늦기 전에 얼굴을 뵙기 위한 나들이이고 병문안이다. 그리 멀지 않은 곳이지만 그렇게 발걸음을 하기가 쉽지 않은 현실이 가슴 한편으론 미안하고 송구하다. 눈에 넣어도 아프지 않을 귀한 막내딸을 아무런 조건 없이 내어주시고 알뜰살뜰 살길 바라셨던 어머님은 잘 살지 못한 우리를 못내 아쉬워한 것 빼고는 다 좋아하셨다. 내리 딸만 셋을 낳아서 서운해하시고 아들 하나만 있었어도 좋았을 것을 하시면서 얼굴을 뵐 때마다 걱정하시는 눈치이다. 어머님도 딸만 넷을 낳아서 그러시고도 남음이 아니겠는가. 정작 본가에서는 아무런 말도 걱정도 하지 않는데 말이다. 그럼에도 불구하고 장모님과 나의 관계는 좋았다. 내가 막내로 자라서 살갑게 대해서인지도 모르겠다.

　나는 결혼하여 삼십여 년을 살아오면서 장모님이라는 호칭을 한 번도 써 보질 않았다. 장모님도 그런 나를 좋아하셨다. 힘들어하시는 투병 생활에 얼마 남아 있을 것 같지 않은 시간이 무척이나 가슴 아프고 죄스러운 마음이 드는 건 변명일 게다. 알 수 없는 병명으로 죽는 날만 남았는데 "병원에 있으면 낫는다는 보장도 없는데 이곳에 있으면 무엇 하겠는가." 어머니의 완고한 고집을 꺾을 수 없어 둘째 처형 댁으로 모셨다. 가족과 함께 현관문을 열고 들어서니 셋째 동서 형님 댁도 와 있었다. 다섯 식구의 방문에 삽시간 시끌벅적했다. 우리 가족의 인사를 눈으로만 받으시는 어머니의 모습에 가슴이 덜컥했다. 애써 웃으며 "어머니 얼굴이 좋아 보이시네요. 좀 어떠세요?" 하고 물으니 "응! 강 서방 왔는가. 길도 많이 막히고 힘들 텐데 뭣 할라고 왔당가. 일하느라 피곤하고 힘들 텐데…." 하신다. 노인네들의 의미 없는 응석과 핑계이지만 내심 반가우신 게다. 모처럼 어머니 보고 싶어 왔지요. 잘 계셨지요.

　가족 모두가 담담한척 애써 웃으며 인사하는 와중에 막내딸 수진이가 농담으로 "할머니 애인 생겼어? 왜 이리 이뻐졌디야. 할머니 시집 한 번 더 가도 되겠다." 하면서 좌중을 한바탕 들었다 놓았다. 생각해 보니 이렇게 사는 것인데, 그렇게 웃고 지고 사는 것인데 세상이 너무나 각박하고 야박하게 행복을 거저 주지 않는 것이 세상의 이치일 게다. 손주들 옛날이야기 코흘리개 시절로 뒤로 뒤로 세월을 끌어 내렸다. 입가의 밝은 미소 웃음소리를 얼마나 볼는지! 총명하고 대쪽 같은 성품으로 옛날 만석꾼의 딸로 태어나서 부안의 큰 부잣집의 아들과 백년해로의 시작을 하셨다. 그 시절 남편의 학력이 짧아 고민하시다 고등학교를 어머님 고집으로 보내시고 학교 선생님까지 하게 만드신 억척스럽고 대단하신 어머니는 늘 장인어른의 일탈과 세상 풍류와 삶의 자유로움을 싫어하셨고 그로 인해 늘그막까지 서로의 마음을 열지 못하고 갈등 속에 사셨다. 그래서 자식욕심, 공부욕심…. 자식을 강하게 키우시느라 공부해라, 뭐는 하지 마라, 하지 마라, 하지 마라. 한평생을 고집과 아집으로 자신을 학대하며 사신 장모님 어느 한편으론 불쌍하다 싶다.

"어머니! 기억나세요? 난 지금껏 처갓집에서 씨암탉 한 번도 얻어먹어 보질 못했어요. 아마도 처갓집에서 씨암탉 못 얻어먹어 본 사위는 나밖에 없을 거예요. 안 그래요!"

장모님이 빙그레 웃으시며 "기억이 나지를 않는데. 내가 그랬나?" 하신다. "그럼요! 지금이라도 얻어먹게 얼른 쾌차하셔서 씨암탉 잡아 주세요." 애써 응석을 부려 본다. 늘그막에 사그라지는 위태로운 촛불마냥 꺼져 가는 흐릿한 불빛 속에 한 가닥 여운과 희망을 드리고자 애써 속절없는 말을 해 본다. 삼십여 년 가까이 세월을 보내며 바라보던 모습이 자꾸 초라해지고 등불에 기름이 다 바닥나 불꽃이 흐려지는 마음처럼 잊힌 기억마저도 생각하고 싶지 않았던 추억들도 오늘은 슬며시 고개를 든다. 장모님은 기억보다는 잊히는 날이 많은 것 같은 꺼져 가는 삶에 장모님과 씨암탉이 한 줌의 희망이 되길 기대하면서 말이다. 두런두런 이야기꽃 속에 속절없이 시계 초침만 째깍째깍 시절을 읊는다.

기억

보내렵니다 세월의 흔적을
잊으렵니다 지난날의 아픔을

옛 추억 소중한 기억만
남기고 보내렵니다

별빛처럼 영롱한 당신의
그 눈빛만 간직하렵니다

서랍 안쪽 깊이 당신의
소중한 기억만 남기고 보내렵니다

다정한 눈빛 따스한 미소
당신의 푸근한 사랑

내 소중한 추억 당신의 속사랑만
남기고 보내렵니다

다시 못 볼 미소
다시 못 볼 사랑
그것만 남기고 보내렵니다

어머니! 장모님! 사랑합니다
우리 가족 모두 당신을 사랑합니다
당신의 따스함만 간직하렵니다
당신의 못난 사위가……

2018. 01. 04.

눈이 오는 날
맘껏
날아보자

3부

겨울 이야기 / 독백 / 자유로움 / 하늘 / 세월 / 마음 / 묵언 / 회한 / 틈 /
안경 / 동전 / 비움 / 인생 / 소망 / 고독 / 허로(虛老) / 사월 / 끈 / 흔적 /
심경 / 기억 속에 / 새장에 갇혀 / 당부 / 이름 없는 삶 / 눈이 오는 날 / 눈

겨울 이야기

겨울을 먹는다
하얀 겨울을
발자국 수만큼 걸어온 시간이
겨울을 녹인다

처마 끝 고드름
하얀 눈사람이
가슴 시리게 눈물 글썽이는 건
지난날 추억의 선물이다

빨간 내복 검정 고무신
기워 신은 양말 토끼털 귀마개
찐 고구마와 동치미
구들장의 긴긴 옛이야기

잊고 지낸 소설 같은
엊그제 추억의 달달함이
오늘도 내일도
기억 속에 남아 있을 게다
겨울이 사라지기 전에는

독백

빼곡히 적히는 삶이
갈급한 고민 속에 절규한다

채울수록 비어 가는
심장 한편의 여백이
겨울바람처럼
훅 뚫린 것 같다

또다시 채워야 할
삶의 그 무엇들이
짙은 어둠 속에서도
한 발짝도 허락하지 않고
검은 발자국만 찍히고
돌아서라 말한다

비워야 채울 수 있고
채워야 비움의 여백을
알 수 있을 터 오늘도
검은 그림자를 지워 본다
복음이라는 빛으로

자유로움

새벽녘 교회당 종소리
가슴에 잔잔한 파도가 치고
잊혔던 기억에 뒤척인다

어릴 적 새벽잠을 깨우는
고통 같은 숭고함이
머리맡에 베개를 끌어안고
아름다운 비행을 했다

아픔을 넘어서는 믿음이
고통을 이기는 기도가
나를 멈출 수 있는 힘이
자유로운 그분의 힘이 아니겠는가

하늘

살다가 살다가
힘이 들면 기대어요
보금자리 찾아
헤매다 지칠 때
나를 봐요

살다가 살다가
마음 울컥할 때
나를 봐요

멀리 있지 않아요
석양에 긴 그림자
내 옆에 있듯이

그분이

나를 향한 그리움에
날마다 기도한답니다
복음이면 충분하다고

세월

물든 세월이 진다
가을이라는 시대를 버리고
붉게 저무는 날 손잡는다

아름다움보다는
서글픈 늙음을 씁쓸해하고
죽어 가는 나이테를 세어 본다

하나, 둘, 셋, 넷
모두 셀 수도 없을 만큼
많이 달려온 반백 년
검버섯이 덕지덕지 피어오른
거울 그림자를 본다

낯이 설고 기억하고 싶지 않은
청춘을 살며시 만져 본다
붉게 물든 세월을

마음

꿈을 당신에게 보냅니다
글이 아닌 나의 맘을

미소와 사랑을 가득 넣어
당신 가슴에 부칩니다

우표에 침 꾹꾹 발라
빠알간 우체통에 부칩니다

내일 받아 볼 수 있게

묵언

일렁이는 파도
울컥 가슴에 앉는다
말없이 다가서는
늦가을 노을에

세월을 잊은 듯
장승처럼 서 있네
칼바람도 비켜 가는 고독에
그림자만 길게 서 있고

묵언의 고통이
짙어져 가는 가을 단풍처럼
말없이 초록 비늘을 벗는다

회한

당신을 생각합니다
오랫동안 있을 것 같았는데
흘려보낸 세월 세어 보니
너무나 짧게 지나갔네요

다음에 함께 내일 해야지
수없이 흘려버린 무심한
그 약속들이 허상이었음을
시간 지난 뒤 알았습니다

가슴 아픈 회환이 오늘
심장을 후비고 지나갑니다
보고 싶다 말할 수도
사랑한다 말할 수도 없이
그저 서글픔으로 대신합니다

어느덧 머리 위엔 하얀 서리 내리고
당신의 모습까지 닮아 가는
세월의 흔적만큼 아픔만
가슴 한 곳에 멍울처럼 남았는데
속절없이 약속을 합니다
오늘 만나자는 약속을

틈

머물러 있는 날
돌아보는 시간은 생각
버릴수록 더욱더
짓누르는 갈등의 애환

잊히는 날만큼 더욱
무거워지는 여운
그 틈에 자리한
무서운 생각들이
오늘을 더듬어 간다

잊는 만큼 새록새록
아득한 추억이 스멀스멀
가슴을 옥죄어 오고
상처만큼 커다란 돌덩이가
어깨를 짓누른다

고달픔에 쳐다보는 하늘
푸르름만큼 가슴에
퍼런 멍이 짙게 들었다

안경

흐릿한 세상이 싫어
안경을 꺼내어 썼다

너무나 또렷한 세상이
쓰레기 같은 열정과
혼탁해진 얼룩에
눈 감아도 각인되는
암울한 현실이 차라리
안경을 벗고 흐릿한 세상이
더 나을 듯하다

새벽녘 운무가 운치 있고
서산에 걸린 석양 노을이
아름다운 세상이
변하지 않는 보석이다

동전

튕겨져 오르는
동전의 양면을
판단할 수 없는 것처럼
우린 항상 양면의
갈등 속에서 산다

덥거나 춥거나
흐리거나 맑거나
동전의 양면은
복권과도 같은 뽑기

뿌연 아침 안개처럼
앞이 잘 보이지 않는 현실
두 눈 질끈 감고 사는 오늘
어둠이 편한 세상
지고 가는 무거운 삶
튕
오늘도 동전을 튕겨 본다

비움

인생의 반을 버렸다
아직 남아 있는 그 반을
어떻게 버려야 하는지

비움의 미덕을
아직도 깨우치지 못했다
인생의 반을 버렸음에도
생각은 많은 걸 가지려 한다

가슴은 많은 걸 버리려 하는데
비움의 행복을 모르는 것일지도
오늘도 가지려는 것과
비움과 싸움의 고뇌에 있다

인생

흐르는 처마 밑 빗물은
그릇을 넘쳐 나도
마음에 흐르는 빗물은
가슴 가득 담아도 넘치지 않아

손으로 하늘을 가릴 수 있다 하나
가슴에 담긴 풍성한 달
그 빛은 가릴 수가 없구나

세월에 드러나는 굵은 주름은
어느 화가의 멋진 그림으로도
견줄 수 없고

돌아가는 굽은 길이 멀어도
세상의 운치는 견줄 수 없고
눈의 즐거움은 삶의 풍요로다

소망

잠들지 못하는 이 밤
창밖엔 스산한 바람만
가슴을 후비고 지나간다

은하수 황홀한 별빛조차
가슴에 담지 못하고
손이 시릴 만큼 차갑다

마지막 잎새의 희망이
간절함으로 두 손 모으고
어딘지 모를 그곳에 소망으로
자박자박 걸어 본다

고독

노을이 저물 때쯤
홀로 길게 늘어선 그림자
맥없이 처진 어깨 너머
쓸쓸한 가슴에 바람구멍이

하늘 높은 곳에 초승달
마음마저 스산하고
바쁜 발걸음이 날 외면해
더욱더 초라하게 만든다

가로등 불빛은 선명하고
스치는 사람들 걸음 바쁜데
난 어디로 가야 할지 알지 못해
서성이다 차가운 벤치에 앉는다

돌아설 수 없는 힘겨운 삶에
오늘을 지우려 하나
지울 힘조차 허락하지 않는 날이
야속하리만큼 힘에 부치고

떨어지는 낙엽의 한 해 소망이
보람되게 마감하는 기쁨을
먼발치에서만 숨죽여 말한다
고생했어요 고생했어요

허로(虛老)**

솜뭉치처럼 무겁게
세월이 젖는다

하얀 그림자를 그리며
세월이 늙는다

벚꽃 눈이 나리는 날부터
오색 단풍 드는 날까지

계곡 물소리에 심장을 적시고
얼음 계곡 속에 갇힌 날까지

셀 수 없을 만큼 많은 날들을
노송의 나이테는 기억하고

버릴수록 가볍다는 진리를
오늘도 기억하지 못하며

** 허로(虛老): 하여 놓은 일도 없이 헛되이 몸만 늙음

하얗게 서리 내린 세월의 흔적만큼
후회한들 되돌릴 수 없는 세월

다가갈수록 회한과 후회의
상처들만 다가오고

되돌릴 수 없는 시곗바늘처럼
그 소리를 되돌리려 한다

하얗게 변한 머리카락 수만큼
지난날을 꺼내 보며

사월

봄이 녹는다
벚꽃 눈이 내리는 날

겨울이 녹는다
푸른 초록이 넘실대기 전

겨울을 녹인다
따스한 사월이

봄을 녹인다
사월의 흥청거림이

끈

쓰라림은 참을 수 없는
괴로움이기에
아픔은 고통을 이기고

지날수록 무겁게 짓누르는
세월의 업보가
헤아릴 수 없을 만큼 무겁다

차라리 놓아 버리고 싶은
오색 청실의 끈을 놓지 못해
부여잡고 울음을 삼킬 뿐

삶의 무게가 이토록
크고 무거움은 늙어 감인가
다가오는 상실감인가

흔적

쓰고 적고 흘려 놓은 삶
이내 지우고
다시 쓰는 인생은 없다
지우개 똥만큼 더러워진 삶은
지운 흔적만큼 그 자리는
깊은 흉터로 남고
화려하든 초라하든
걸어온 날수만큼 그 자리는
그 누구도 지울 수 없는 흔적

짙게 써 내려간 세월의 발자취는
연필로 쓰고 지울 수 없는 낙인 같은 것
다시 쓰는 일기라면
소박하게나마 한 줄 쓰련만
굳은살 박인 손이 자랑스럽고
땀에 찌든 목에 걸린 수건이
아름다운 훈장처럼
그렇게 시작하고 싶다
나의 발걸음을

심경

투박한 연필심에 쓰이는
거칠고 남루한 고독이
거친 숨소리를 내며
서걱거리며 쓰인다

다듬어지지 않은 칼날처럼
무뎌진 생각이 하루를 낭비하고
무심하게 내리는 창밖의
애꿎은 눈발만 흘긴다

떨리는 손끝이 획을 긋지 못해
얼음처럼 굳어 버리고
날리는 깊은 한숨만 질책한다
돌이킬수록 허물만 드러나
되돌아보는 하루가 무겁다

삶의 애수가 이른 아침
뿌연 안개처럼 심장을 적시고
애통해하는 하늘의 소리를
가슴에 먹먹히 담는다

기억 속에

당신의 기억을 더듬어 봅니다
가슴 깊이 묻어 두었던
기억 속의 사연들을

동네 어귀의 정자나무
골목 한 귀퉁이 웃음소리
어스름 저녁 굴뚝 연기
등잔불 밑에서 재잘거림

새록새록 피어나는
봄꽃 향기처럼
더듬어 가는 삶이지만
기억을 찾는 것보다
놓아 버린 시간이 많고

흑백 사진처럼
그날이 멈추어 버렸습니다

새장에 갇혀

새장에 갇혀 세상을 본다
버둥거릴수록 깊은 수렁
날개깃은 초라해지고
퍼덕일 힘조차 허락하지 않는 감옥

물 한 모금 링거에 목 축이고
약 한 줌 모이 삼아 연명한다

눈이 시리도록 깊은 하늘을 날던
그날이 언제였나

이젠 날기도 허락하지 않는 세월
새장에 갇혀 하늘을 나는 꿈을 꾼다
눈가에 맺힌 이슬 눈물
세월을 세려 한다

거울에 비친 늙은 촌로의 초상
허망한 삶 창공에 날리고
말라 버린 손가락 마디 끝은 하늘을 더듬는다

새장에 갇혀 세상을 보며
기억하고픈 지난날의 푸른 하늘
그곳에서의 젊은 청춘을
갇혀 버린 감옥 같은 새장 안에서
오늘 하루를 구걸한다

당부

바람의 말을 귀 기울입니다
떠날 줄 알면서도
여린 꽃 한 송이를 심습니다
바람결에 당부하고
꽃잎에 흩날리며
속절없이 떠나가도

기약 없는 기다림은
잊힐 줄 알면서도
바람에게 말합니다
그대가 오는 날 알고 싶다고

이름 없는 삶

당신은 어느 날부터
무명의 삶을 살았습니다

기억에서 지워지고
가족이라는 굴레 속에서

당신은 흔적을
지워 가고 있네요

어릴 적엔 보석 같은 이름
석 자가 있었지요

보란 듯이 쓰고 적고
흔적을 남긴 이름

세월 지나 시나브로
이름 없는 사람이 되었네요

기억조차 가물가물
내 아내 이름도 잊고 살았네요

더 흐른 세월 지나도
잊지 않길 바라네요

나의 아내 장은정
나의 엄마 박정기

나에겐 세상에서
하나밖에 없을
소중한 이름을

눈이 오는 날

아침부터 날씨가 짓궂게 찌그러진다
고요함을 넘어 깊은 침묵 같은 날
마누라는 아침 일찍 산골을 떠나
딸내미 보러 나들이를 갔다
아침부터 소리 없이 내리는 눈은
산새 소리의 재잘거림도 잠재우고
소록소록 내린다

구들장 따스함을 등지고 문을 열어
새콤한 바람을 마신다
벌써 대지를 하얀 도화지처럼
색칠해 버렸다
들도 산도 한편에 놓인 장독대 위에도
하얀 빵모자를 쓰고 서 있다

오늘은 잔소리꾼도 없는데
에라 오늘은 맘껏 늘어져 보자
등짝에 세계 지도를 그리며 망상에 잠기며 뭉그적대 본다
깊은 산속 오두막 신접살림 1년
세상 등지고 오롯이 자연을 본다

늘그막 여정이 새롭고 한가하다
마누라는 이곳이 싫다고 자주 딸내미 집에
사찰을 빌미로 이곳을 떠난다
그럴 때마다 난 자유로운 산행을 한다

여보 마누라 오늘 눈이 많이 오려나 봐
오늘 올 생각 말고 늘어지게 놀다 오소
여기는 내가 잘 지키고 있을 꺼니까, 잉
전화를 끊고 귀퉁이에 있는 고구마를 묵은 김치와 와구와구 배가 부르
도록 먹었다

배부르고 등 따시니 이곳이 천국이네
한숨 자고 눈이나 쓸 요량으로
눈을 지그시 감는다

자연이 주는 포근함이 세상을
고요하게 한다
들도 산천도 계곡도 모두 눈을 감고
귀를 기울인다 토끼장의 토끼가 뻘건 눈을
동그랗게 뜨고 눈의 소리를 듣는다

삼식이는 뭐가 좋은지 여기저기를 뛰어다닌다
오랫동안 꿈꾸어 왔던 소망이 아니던가

한숨 자고 나니 눈이 발목까지 왔다
운동 한번 할까 빗자루 들고
쓱싹쓱싹 앞마당을 지나 길 앞
마눌님 오는 길목까지 쓸어 본다

끝도 없이 올 것 같은 하늘의 선물이
기쁨을 넘어 벌써 지겹다
서산 기우는 저녁의 어스름이
하얗게 대지를 덮는다

오늘의 시작과 끝이 눈 오는 날의
눈부심과 아득히 저물어 가는
겨울의 일상이 굴뚝 연기의 긴 여운이
정겨움 속에서 겨울이 익어 간다
오늘이 가기 전 한 편의 시가 나올 것 같다

눈

내 임 오시는 날
하얀 수묵화
한 편의 그림 선물하게
소록소록 내리거라

계곡은 먹물로 줄 새기고
둥근 보름달
선명하게 비치거라
산골짝 사랑방을